BOISSON ENERGETIQUE

Force pour aujourd'hui,
solutions pour demain

CALORIES: CONTRÔLE DE SOI ET CONNAISSANCE

KAKRA BAIDEN

Copyright © 2019 par Kakra Baiden

Boisson énergétique
Calories: contrôle de soi et connaissance
par Kakra Baiden

Imprimé aux Etats-Unis

ISBN: 978-1-945123-18-4

Tous droits réservés. Aucune partie de ce document ne peut être reproduite ou transmise, sous quelque forme ou par quelque moyen que ce soit (voie électronique, photocopie, enregistrement, etc.), sans l'accord écrit de l'auteur.

Sauf mention contraire, les citations bibliques sont tirées de la Bible Louis Segond (LSG).

Note: Les italiques dans les passages bibliques ont été ajoutés par l'auteur pour mettre en exergue certains éléments.

DEDICACE

Je dédie ce livre de méditations à Priscilla Abaidoo et à Del Boampong.

UNE ERREUR COURANTE

Ne vous y trompez pas, mes frères bien-aimés.
— JACQUES 1:16

Ce passage biblique commence par une mise en garde contre la tromperie. Ne pas se tromper, c'est ne pas faire d'erreur. La tromperie est une des principales armes du diable. L'idée que l'argent est la source de bonnes choses est une tromperie courante. L'argent et les richesses ne sont pas la source de bonnes choses: Dieu est la source de toute bonne chose.

Jacques 1:17 dit: «toute grâce excellente et tout don parfait descendent d'en haut, du Père des lumières, chez lequel il n'y a ni changement ni ombre de variation.»

Un bon conjoint est un don du Seigneur (Prov. 19:14), de même que le sommeil (Ps. 4:8), la paix et la joie (Rom. 14:17).

Cherchez Dieu et vous découvrirez qu'il est la source de toute bonne chose!

UNE BONNE RÉPUTATION VAUT MIEUX QUE L'ARGENT

La réputation est préférable à de grandes richesses,
et la grâce vaut mieux que l'argent et que l'or.

— PROVERBES 22:1

Un des éléments qui déterminent le prix et la différence de valeur des produits est leur marque. Votre nom est une marque. Il détermine votre valeur au travail, à la maison, au bureau et parmi vos amis.

Quand Jésus est venu sur terre, un des dons que Dieu lui a faits était un bon nom. Philippiens 2:9 dit: «C'est pourquoi aussi Dieu l'a souverainement élevé, et lui a donné le nom qui est au-dessus de tout nom.»

Alors que nous avançons sur notre chemin de vie, au final, ce sont nos actes et nos pensées qui déterminent notre nom. Êtes-vous fiable? Tenez-vous parole? Êtes-vous fidèle?

Être connu comme un coureur de jupons n'est pas une bonne chose. Cela vous dévalorise. Si vous avez la réputation d'être une «femme facile», cela peut affecter vos perspectives de mariage. En tant qu'homme de Dieu, si vous développez une mauvaise réputation, cela peut avoir un effet négatif sur votre ministère. En tant qu'homme d'affaires, si vous développez une mauvaise réputation, cela peut ruiner votre solvabilité financière. En tant que mari, si vous développez une mauvaise réputation, votre épouse ne pourra jamais vous faire confiance.

Ecclésiaste 7:1 dit: «Une bonne réputation vaut mieux que le bon parfum, et le jour de la mort que le jour de la naissance.» Efforcez-vous d'avoir un bon nom!

PRIÈRE DE PROTECTION

Que l'ange qui m'a délivré de tout mal, bénisse ces enfants! Qu'ils soient appelés de mon nom et du nom de mes pères, Abraham et Isaac, et qu'ils multiplient en abondance au milieu du pays!

— GENESE 48:16

Jacob priait pour les fils de Joseph dans le passage biblique ci-dessus. A cause de cela, Ephraïm et Manassé jouissaient d'une sorte de protection spirituelle.

Grâce à cette prière, tous ceux qui s'en prendront à vous cette année s'en prendront à cet Ange. Tout démon qui cherchera à vous combattre combattra cet Ange. Cette année, vous serez porté sur les ailes de cet Ange. Où que vous alliez, il sera là pour vous protéger, vous garder, vous guider dans toutes vos voies, prendre soin de vous, de votre famille, de vos biens et de vos affaires.

Je sais que si vous faites cette prière, tous vos adversaires seront en danger. Tous ceux qui emprunteront et ne vous rembourseront pas devront à cet Ange. Tous ceux qui chercheront à détruire votre mariage s'en prendront à cet Ange.

«Je serai l'adversaire de vos adversaires, l'ennemi de vos ennemis.»

Si vous voulez être protégé du mal, priez!

DES ANGES VEILLENT SUR VOUS

> Revenu à lui-même, Pierre dit: Je vois maintenant d'une manière certaine que le Seigneur a envoyé son ange, et qu'il m'a délivré de la main d'Hérode et de tout ce que le peuple juif attendait.
>
> — ACTES 12:11

En Actes 12, Simon Pierre a été arrêté et emprisonné par Hérode, qui voulait le tuer, mais quelque chose d'inhabituel s'est produit: Dieu a envoyé un ange le défendre. Tous pensaient que Pierre allait mourir, qu'il ne survivrait pas, qu'il ne s'en sortirait pas. Pourtant, il s'en est sorti. Pourquoi? Parce qu'un ange l'a protégé.

Une nuit, alors qu'il faisait sombre, j'entrais par la porte de ma maison quand j'ai senti quelqu'un me pousser. Je suis tombé et mon épaule a heurté le mur. J'ai regardé et vu un grand serpent couché juste devant la porte. Le fait d'avoir bousculé m'a permis d'éviter le serpent. Je me suis dit: «Waouh, deux pas de plus et je lui aurais marché dessus.» J'ai remercié le Seigneur de m'avoir sauvé la vie.

Cette année, vous bénéficierez d'une grande protection. Vous ne mourrez pas! Tous ceux qui attendent votre mort attendront en vain! Tous ceux qui ont prévu de s'enfuir avec votre argent s'enfuiront avec leur propre vie!

Priez et demandez à Dieu d'envoyer des anges pour vous protéger, vous, votre famille, vos affaires et tous les domaines de votre vie!

RECHERCHEZ-VOUS LA SÉCURITÉ?

> Et, parce que l'iniquité se sera accrue, la charité du plus grand nombre se refroidira. Mais celui qui persévérera jusqu'à la fin sera sauvé.
> —MATTHIEU 24:12-13

Vu la tournure des événements dans le monde, le moment viendra où on ne pourra plus vivre sans pouvoirs surnaturels. La police ne pourra pas toujours vous protéger, l'armée non plus. Le seul à pouvoir vous protéger, c'est Dieu. Pourquoi? Parce que le mal se répand dans le monde à une vitesse alarmante.

Lorsque j'étais jeune, il n'existait pas de sociétés de sécurité privée dans mon pays. Maintenant, leur nombre va de plus en plus croissant et de nouvelles sont déjà prévues.

Le moment viendra où la seule chose qui pourra vous protéger à bord d'un avion sera la prière. Vous aurez besoin de puissance spirituelle pour rester en vie. Si vous êtes un chrétien faible, le moment viendra où vous ne pourrez plus survivre. Seuls les plus forts survivront.

Jésus a dit dans le passage biblique cité au début de livret de méditation qu'avec les années qui passent, le péché se multipliera dans votre pays, mais si vous persévérez, vous pourrez le surmonter. Certaines personnes n'arrivent pas à persévérer. Paul nous appelle à «persévérer dans l'épreuve, comme de bons soldats du Seigneur Jésus-Christ». C'est ainsi seulement que nous pourrons être sauvés.

Vous ne pouvez trouver la sécurité qu'en Dieu. Lisez la Bible et obéissez-lui!

PRENEZ-VOUS LES BONNES DÉCISIONS DANS LA VIE ?

> Le plus jeune dit à son père : Mon père, donne-moi la part de bien qui doit me revenir. Et le père leur partagea son bien. […] Lorsqu'il eut tout dépensé, une grande famine survint dans ce pays, et il commença à se trouver dans le besoin. […] Je me lèverai, j'irai vers mon père, et je lui dirai : Mon père, j'ai péché contre le ciel et contre toi. […] Mais le père dit à ses serviteurs : Apportez vite la plus belle robe, et l'en revêtez ; mettez-lui un anneau au doigt, et des souliers aux pieds.
>
> — LUC 15:12, 14, 18, 22

J'ai compris qu'une des capacités les plus importantes à développer dans la vie est celle de prendre de bonnes décisions. La montée et la chute du fils prodigue a été déterminée par la qualité de ses décisions. Sa mauvaise décision de quitter la maison de son père l'a appauvri, tandis que sa bonne décision d'y retourner l'a béni.

De l'instant de notre naissance à celui de notre mort, de notre réveil chaque matin à notre coucher chaque soir, nous répondons à des questions. Chaque petite question est importante, car, finalement, toutes ces marques seront assemblées comme un résumé de ce que nous aurons fait de notre vie.

Quand nous sommes encore jeunes, nous pouvons être tentés de penser que certaines questions ne sont pas importantes ou sérieuses. Par exemple, parmi les décisions que nous devons prendre, il y a : Que vais-je manger ? Des ignames ou des boulettes de riz ? Que vais-je boire ? Du gin, de la Malta Guinness, de la bière ou du whisky ? Nous pouvons être tentés de penser que ces décisions n'ont pas d'impact sur notre avenir. Nous ne découvrirons leurs conséquences qu'en grandissant.

C'est pourquoi, les questions qui semblent les plus simples sont importantes. J'ai compris que la vie est pour les gens sérieux. Peu importe votre âge, vous devez toujours avoir la capacité de prendre les bonnes décisions, à tout moment de votre vie.

Assurez-vous de considérer chaque décision concernant votre maison, votre travail, votre église et tous les domaines de votre vie comme importante. Ainsi, vous prendrez les meilleures décisions!

ÊTES-VOUS PRÊT À ASSUMER DES RESPONSABILITÉS ?

> Quand le Consolateur sera venu, l'Esprit de vérité, il vous conduira dans toute la vérité ; car il ne parlera pas de lui-même, mais il dira tout ce qu'il aura entendu, et il vous annoncera les choses à venir.
>
> —JEAN 16:13

Je rencontre beaucoup de personnes passionnées par le prophétique, parce qu'elles veulent entendre Dieu leur parler. C'est une bonne chose, mais je me demande si elles sont prêtes. On est enthousiasmé à l'idée que le Saint-Esprit peut nous parler. Le prix à payer, c'est la responsabilité. C'est une grande responsabilité.

Quand Dieu vous parle, il peut vous demander de faire quelque chose. Obéir à sa Parole n'est pas facile. En suivant fidèlement la Parole écrite de Dieu, vous apprendrez à mieux la connaître et Dieu commencera à vous parler personnellement sur diverses questions de votre vie.

Quand Joseph a cherché le conseil de Dieu concernant son mariage, Dieu lui a dit d'épouser une femme déjà enceinte. Auriez-vous pu faire cela ? C'est le prix à payer pour entendre la voix de Dieu.

Demandez au Seigneur la grâce pour entendre sa voix et lui obéir !

MAINS ET CŒURS LEVÉS

Élevons nos cœurs et nos mains vers Dieu qui est au ciel.

— LAMENTATIONS 3:41

Les mains levées sont un symbole de prière. Quand nous levons nos mains vers notre Père céleste, nous lui exprimons notre dépendance à sa grâce et à sa miséricorde. Quand nous nous approchons de Dieu, nous ne devons cependant pas lever que nos mains, mais aussi nos cœurs, en synchronie.

Dieu nous voit quand nous levons nos mains. De même, il regarde nos cœurs. Nos mains levées n'ont du sens que si nos cœurs le sont aussi.

Quand mes enfants étaient petits, j'aimais beaucoup quand ils venaient m'accueillir à la porte les mains levées chaque fois que je rentrais du travail. Je les soulevais et les embrassais sur la joue. Ils semblaient me dire qu'ils étaient impuissants et avaient besoin de mon aide.

Une main levée est un signe de dépendance. Un cœur levé est un cœur qui dépend de Dieu.

C'est aussi un cœur qui s'est abandonné à la volonté et à la Parole de Dieu.

Ce sont là les deux conditions pour que nos prières soient exaucées: la foi et l'obéissance à Dieu.

Voulez-vous que Dieu réponde à vos prières? Souvenez-vous que cela exige des mains et un cœur levés, la foi et l'obéissance!

NÉ POUR ÊTRE VAINQUEUR

> Mais dans toutes ces choses nous sommes plus que vainqueurs par celui qui nous a aimés.
> —ROMAINS 8:37

Les meilleurs commerciaux sont ceux qui n'ont pas peur des refus, parce qu'ils savent que l'échec fait partie du succès. Ils savent que tout le monde n'achètera pas leurs produits, mais ils savent aussi que quelqu'un achètera certainement.

Nous avons tendance à penser que ceux qui ont réussi dans la vie n'ont jamais connu l'échec et que leur vie est et sera toujours rose. Ce n'est pas vrai! Une des choses qui leur a permis d'arriver là où ils en sont aujourd'hui a été la certitude que l'échec fait partie du succès.

Quand j'étudiais l'architecture, j'ai appris ce qu'on appelle la méthode Newton-Raphson, qui dit, par exemple, que, quand on multiplie 6 par un certain nombre, on obtient 36. Reste alors à trouver le nombre manquant. En commençant à multiplier 6 par d'autres nombres, à partir de 1, on finira par trouver la réponse: 6 x 6 = 36. Le secret est que plus vous échouez, plus vous vous approchez de la vérité. Les cinq essais vous ont permis de trouver la bonne réponse.

Dans votre vie chrétienne, vous avez peut-être échoué une fois, deux fois, ou même six fois ; mais si vous persistez, un jour viendra où vous vous lèverez et tiendrez ferme. L'échec fait partie du succès.

Qui que vous soyez, où que vous soyez et quoi que vous fassiez, vous devez vous efforcer de remporter la victoire!

POUVEZ-VOUS RECEVOIR SANS VOIR?

> Mais l'homme animal ne reçoit pas les choses de l'Esprit de Dieu, car elles sont une folie pour lui, et il ne peut les connaître, parce que c'est spirituellement qu'on en juge.
> — 1 CORINTHIENS 2:14

Vous pouvez rester longtemps à l'église sans que vos cieux ne s'ouvrent. L'église n'est pas une médaille du travail. Si les cieux sont fermés, alors qui que vous soyez, vous aurez du mal à recevoir quoi que ce soit.

C'est un problème dans l'Eglise aujourd'hui: parce que les cieux sont fermés, beaucoup de personnes ne peuvent voir et donc, ne reçoivent rien.

La révélation est la mère de la possession. Une fois que vous voyez, vous pouvez recevoir. C'est pourquoi Dieu a dit à Abraham: «car tout le pays que tu vois, je le donnerai à toi et à ta postérité pour toujours.»

Quand les cieux se sont ouverts en Luc 3:21-22, Jésus a eu une révélation. Quand les cieux s'ouvrent, on voit des choses spirituelles.

Puissiez-vous bientôt voir votre futur mari ou votre future femme! Puissiez-vous voir votre ministère! Puissiez-vous voir vos finances! Puissiez-vous voir vos enfants! Puissiez-vous voir votre percée! Puissiez-vous voir votre maison, au nom de Jésus! Vos yeux spirituels s'ouvriront par la lecture de la Parole de Dieu et par la prière!

VOUS POUVEZ ÊTRE LIBRE DU STRESS

> Ne vous inquiétez de rien ; mais en toute chose
> faites connaître vos besoins à Dieu par des prières
> et des supplications, avec des actions de grâces.
> Et la paix de Dieu, qui surpasse toute intelligence,
> gardera vos cœurs et vos pensées en Jésus-Christ.
>
> — PHILIPPIENS 4:6-7

L'expression: «Ne vous inquiétez de rien» peut se traduire aussi par: «Ne soyez stressé par rien». Cela veut dire que Dieu ne veut pas que nous soyons stressés. Le mot «stress» signifie une forte inquiétude due à une situation difficile. Le stress engendre l'anxiété et l'inquiétude. Êtes-vous inquiet ou anxieux? Êtes-vous dans une situation qui vous met dans cette catégorie?

Le stress peut accompagner les bénédictions de Dieu. Comment, vous pourriez vous demander? La raison est simple: notre table est toujours préparée, en présence de nos ennemis. Jésus a fait face à beaucoup d'opposition et d'adversité. Parmi ses ennemis, il y avait des politiciens, des incroyants et des croyants.

Déchargez-vous sur Jésus de tout votre stress, vos inquiétudes et vos maladies. Alors, vous pourrez vous détendre et laisser la paix de Dieu remplir votre esprit. Si vous lui faites confiance, il prendra soin de vous.

Au lieu de vous concentrer sur vos ennemis, concentrez-vous sur la Parole et sur les bénédictions de Dieu. Réjouissez-vous en elles, et vous verrez le stress s'évanouir et la paix remplir votre cœur. Décidez de vous concentrer sur la Parole de Dieu, plutôt que sur vos problèmes. Passez plus de temps avec la Parole aujourd'hui, et vous serez libéré du stress!

VOUS SENTEZ-VOUS VULNÉRABLE?

Un ange du Dieu à qui j'appartiens et que je sers m'est apparu cette nuit.

— ACTES 27:23

Quand on veut voler, le choix de la victime et du lieu est très important. Pensez-vous que vous pourrez voler un lecteur DVD de la Maison Blanche? Vous plaisantez! Le propriétaire contrôle des missiles. Si c'était une personne ordinaire, vous pourriez probablement le faire. C'est pourquoi, l'identité du propriétaire est très importante. De même, ce qui appartient à Dieu, nul ne peut le toucher.

Un prêteur a prêté de l'argent à quelqu'un. Malheureusement, son débiteur est tombé malade. Le prêteur a eu peur qu'il meure sans l'avoir remboursé. Il est allé voir un pasteur pour qu'il prie que ce frère malade ne meure pas. Il y avait personnellement intérêt.

Si ce prêteur a eu à cœur le bien-être de son débiteur, imaginez à quel point Dieu s'intéresse à ceux qui le servent.

Quand Dieu s'intéresse personnellement à vous, aucun mal ne viendra jamais vous troubler. Dieu ne peut le permettre, car vous êtes trop précieux à ses yeux pour qu'il vous abandonne. Parce que Paul servait Dieu, Dieu l'a délivré de la tempête.

Choisissez de servir Dieu aujourd'hui, et il vous protégera, comme il a protégé Paul!

VOUS SENTEZ-VOUS REJETÉ?

Alors tous l'abandonnèrent, et prirent la fuite.
— MARC 14:50

Un homme m'a dit que sa mère l'a abandonné à l'hôpital à sa naissance parce qu'elle le trouvait laid. Êtes-vous dans une situation semblable? Avez-vous jamais été rejeté par quelqu'un que vous aimez? Peut-être que c'était dans le contexte du travail. Avez-vous un patron qui ne vous supporte pas?

Le rejet, ce n'est pas le fait d'être accepté ou approuvé. Nous sommes tous confrontés à un moment ou un autre à une forme de rejet. Imaginez ce que Jésus a ressenti quand son propre Père l'a rejeté sur la croix? Il a crié vers son Créateur: «Éli, Éli, lama sabachthani? C'est-à-dire: Mon Dieu, mon Dieu, pourquoi m'as-tu abandonné?» (Matt. 27:46) Pourtant, il savait que le rejet faisait partie de sa mission et il était prêt à persévérer jusqu'à la fin.

Certaines personnes ne peuvent fonctionner sans louanges et applaudissements. Si vous dépendez de ces choses pour réussir, vous échouerez quand elles cesseront.

Dans vos moments difficiles, fortifiez-vous dans le Seigneur votre Dieu. Ecoutez une bonne prédication pertinente ou un puissant CD de louange et sentez le Saint-Esprit vous remplir comme du vin.

Un gagnant doit être prêt à rester seul quand la situation l'exige, car le rejet fait partie de la victoire.

Le seul qui ne vous rejettera jamais, c'est Jésus. Il a promis de ne jamais vous laisser ni vous abandonner. Laissez-le être votre ancre aujourd'hui!

AVEZ-VOUS L'ENTENDEMENT SPIRITUEL?

> C'est pour cela que nous aussi, depuis le jour où nous en avons été informés, nous ne cessons de prier Dieu pour vous, et de demander que vous soyez remplis de la connaissance de sa volonté, en toute sagesse et intelligence spirituelle.
>
> —COLOSSIENS 1:9

Il y a une manière mentale, ou charnelle, ainsi qu'une manière spirituelle de comprendre les choses. Notre pensée charnelle n'évalue les choses qu'au niveau naturel, en partant d'abord des cinq sens: la vue, l'ouïe, l'odorat, le toucher et le goût, tandis que notre pensée spirituelle évalue les choses par le discernement spirituel.

Avant de me marier, j'ai reçu un cadeau de la mère de notre évêque: une table de salon. Je me suis dit: «C'est un cadeau pour quelqu'un qui est sur le point de se marier, alors pourquoi me le donne-t-elle à moi?» J'ai tout de suite compris que c'était un signe de Dieu, qui me disait qu'il était temps pour moi de me marier. Ce geste physique avait un sens spirituel ; c'était une prophétie déguisée.

Les personnes charnelles ne peuvent gérer les choses spirituelles. Quand, par exemple, elles voient un pasteur conseiller une femme, elles en déduisent qu'il y a quelque chose entre eux. Avez-vous une attitude charnelle envers tout? Vous ne pouvez rien recevoir de Dieu si vous êtes charnel.

Comment être spirituel? Voici deux conseils: priez et étudiez la Bible. Décidez de passer une heure par jour dans la prière!

AVEZ-VOUS LES BONNES MOTIVATIONS?

> Toutes les voies de l'homme sont pures à ses yeux ;
> mais celui qui pèse les esprits, c'est l'Éternel.
> — PROVERBES 16:2

L'expression «peser les esprits», en français moderne, est liée à la motivation. Face à Dieu, vos motivations sont très importantes. Vous pouvez penser que vous faites tout correctement, mais Dieu juge vos motivations. Cela veut dire que son évaluation de ce que vous faites est entièrement fondée sur vos motivations. Il est possible de faire le bon choix avec la mauvaise motivation. Job avait la bonne motivation.

Job 1:1 et 8-11 décrit une conversation entre Dieu et Satan, au sujet des motivations de Job. Dieu a dit: «Job n'est pas motivé par l'argent: il m'aime et me sert ; son cœur m'est consacré ; il m'aime par-dessus tout.» Satan n'était pas d'accord: pour lui, Dieu s'était trompé en bénissant Job, parce que ses motivations étaient pécuniaires. Dieu a permis à Satan d'éprouver Job pour découvrir quelles étaient réellement ses motivations. Job a fini par réussir cette épreuve avec brio.

C'est la motivation de Job qui a attiré la bénédiction de Dieu sur lui. Quelles sont vos motivations en servant Dieu? Votre première motivation doit être votre amour pour Dieu. Que recherchez-vous? Ce qui ne peut vous satisfaire? Alors j'ai une bonne nouvelle pour vous: Dieu sait tout ce dont vous avez besoin et il vous le donnera en son temps. «Cherchez premièrement le royaume et la justice de Dieu ; et toutes ces choses vous seront données par-dessus.» (Matt. 6:33) Réorganisez vos priorités, fixez les bonnes motivations, et vous ne pourrez plus échapper aux bénédictions de Dieu!

AVEZ-VOUS BESOIN D'AIDE? DIEU PEUT VOUS AIDER

Vous demandez, et vous ne recevez pas, parce que vous demandez mal, dans le but de satisfaire vos passions.

—JACQUES 4:3

Dans la vie, vous ne pouvez pas tout faire tout seul. Surtout, vous avez besoin de l'aide de Dieu pour choisir un bon conjoint, être promu au bon endroit au bon moment, obtenir la faveur des autres, etc.

Une manière d'obtenir la grâce de Dieu consiste à être humble et doux: «Il conduit les humbles dans la justice, il enseigne aux humbles sa voie.» (Ps. 25:9)

Certaines personnes pensent qu'être humble, c'est être faible et se laisser faire par tout le monde. Loin de là. Jésus était doux, mais il ne se laissait pas faire par les Pharisiens.

L'humilité spirituelle a deux caractéristiques: se laisser guider et enseigner. Vous laissez-vous guider? Quand vous vous êtes marié, dépendiez-vous de Dieu pour vous guider dans ce monde? Son Esprit a-t-il guidé votre choix? Accomplissez-vous l'appel de Dieu pour votre vie?

Vous laissez-vous enseigner? Qui vous apprend à gérer votre argent? Dieu apprend aux humbles comment gérer toute chose, y compris leur argent. Qui vous apprend comment vous comporter avec votre conjoint et vos enfants? Vos propres idéologies ou la Parole de Dieu? Un esprit qui se laisse enseigner dépend de la Bible comme manuel de vie.

Le moment est venu pour nous d'ouvrir nos cœurs et de suivre la Parole de Dieu. Si nous nous laissons guider et enseigner, Dieu nous aidera. Humiliez-vous devant Dieu pour qu'il vous élève!

VOULEZ-VOUS ÊTRE PROCHE DE DIEU?

> Car l'Éternel, ton Dieu, marche au milieu de ton camp pour te protéger [...] ; ton camp devra donc être saint, afin que l'Éternel ne voie chez toi rien d'impur, et qu'il ne se détourne point de toi.
>
> — DEUTERONOME 23:14

Dieu déteste le péché. La sainteté, au contraire, lui est agréable. Pour que nous puissions être toujours en communion avec lui, nous devons être purs. Dans l'Ancien Testament, l'agneau était symbole de pureté. C'est pourquoi il servait essentiellement aux sacrifices rendus à Dieu. Si nous voulons maintenir la présence du Saint-Esprit, nous devons être purs.

Nous ne pouvons continuer à mentir tout en demeurant dans sa présence. La fornication et l'adultère le chasseront, de même que les querelles et la pornographie. Nous ne pouvons pas nous permettre d'avoir des tensions dans notre mariage et de ne plus parler à notre conjoint pendant trois semaines: les enjeux sont trop élevés.

Le Psaume 26:6 dit: «Je lave mes mains dans l'innocence, et je vais autour de ton autel, ô Éternel!»

David exprime ici qu'il ne peut vivre dans la présence de Dieu s'il ne se sanctifie pas. Il savait qu'il ne pouvait s'approcher de l'autel s'il n'était pas pur.

Ne laissez pas votre mode de vie vous éloigner de la présence de Dieu!

VOULEZ-VOUS ÊTRE RICHE?

Car la sagesse vaut mieux que les perles, elle a plus de valeur que tous les objets de prix.
— PROVERBES 8:11

Quel est votre désir? La Bible nous fait comprendre que nous ne pouvons comparer la sagesse à une voiture, un salaire ou une piscine. La sagesse vaut plus que des rubis. Pourquoi? Parce que la sagesse est la mère de la richesse.

Un jour, j'ai fait un rêve dans lequel Dieu m'a montré beaucoup d'argent et m'a demandé de choisir entre l'argent et continuer à le suivre. J'ai répondu que je voulais le suivre. Je me réjouis d'avoir répondu ainsi.

De même, quand Dieu est apparu à Salomon dans son sommeil et lui a dit: «Demande ce que tu veux que je te donne», Salomon a répondu: «Accorde donc à ton serviteur un cœur intelligent pour juger ton peuple, pour discerner le bien du mal! Car qui pourrait juger ton peuple, ce peuple si nombreux? Cette demande de Salomon plut au Seigneur.» (1 Rois 3:5, 9-10)

En 1 Rois 3:13, Dieu lui dit: «Je te donnerai, en outre, ce que tu n'as pas demandé, des richesses et de la gloire, de telle sorte qu'il n'y aura pendant toute ta vie aucun roi qui soit ton pareil.»

La sagesse de Salomon a fait de lui l'homme le plus riche. C'est pourquoi nous devons nous inscrire à l'Université de la Sagesse. Si nous obtenons la sagesse, tout le reste suivra.

La Parole de Dieu est un trésor de sagesse!

NE VOUS LAISSEZ PAS PARALYSER PAR LA PEUR

> Car ce n'est pas un esprit de timidité que Dieu nous a donné, mais un esprit de force, d'amour et de sagesse.
>
> —2 TIMOTHEE 1:7

Le moment est venu pour vous de sortir de votre zone de confort. Dans la parabole des talents, un homme a caché le talent qu'il avait reçu. Quand son maître lui a demandé pourquoi, il lui a répondu: «j'ai eu peur, et je suis allé cacher ton talent dans la terre ; voici, prends ce qui est à toi.» (Matt. 25:25)

David a dit: «Quand je marche dans la vallée de l'ombre de la mort, je ne crains aucun mal, car tu es avec moi: ta houlette et ton bâton me rassurent.» (Ps. 23:4)

David n'avait encore jamais combattu un géant. Il n'avait même jamais été à la guerre. Pourtant, il a décidé de combattre Goliath. Vous n'avez peut-être jamais créé d'entreprise, mais commencez à vous battre. Vous n'avez peut-être jamais été marié, témoigné, ou loué une maison, mais commencez à vous battre.

Chaque fois que vous avez peur, cela montre que Dieu s'est éloigné de vous. Une chose qui vous fait savoir que la présence de Dieu s'éloigne de vous est la peur.

Personnellement, chaque fois que j'ai peur, cela est un indicateur que mon onction est en train de diminuer. Vous serez surpris de constater que quelque chose dont vous n'aviez pas peur auparavant va soudain commencer à vous inquiéter. Pourquoi? Parce que la présence de Dieu vous a quitté.

Dieu ne nous a pas donné un esprit de crainte. La foi est un antidote à la crainte. Vous pouvez avoir la foi en étudiant la Bible. Levez-vous et commencez à marcher par la foi!

SI VOUS VOULEZ AVOIR DES RÊVES OU DES VISIONS

> Mais l'homme animal ne reçoit pas les choses de l'Esprit de Dieu, car elles sont une folie pour lui, et il ne peut les connaître, parce que c'est spirituellement qu'on en juge.
> — 1 CORINTHIENS 2:14

Chaque domaine, de la médecine à l'architecture et à l'informatique, a son langage unique, qui permet de décrire ce qu'on ne trouve pas dans le langage ordinaire. Les rêves et les visions sont le langage technique que Dieu utilise pour décrire le règne spirituel. C'est pourquoi les visions dans la Bible semblent étranges et irréelles.

Par conséquent, Dieu a développé un autre type de langage pour pouvoir communiquer avec vous et moi: les rêves et les visions, le langage du Saint-Esprit. Tant que vous ne parlerez et ne comprendrez pas ce langage, il sera très difficile pour Dieu de communiquer avec vous.

Priez et demandez à Dieu de vous donner des rêves et des visions!

COMMENT FAIRE FACE À UNE MAUVAISE CONSCIENCE

> Qui accusera les élus de Dieu? C'est Dieu qui justifie!
> —ROMAINS 8:33

Un des titres de Satan est: «l'accusateur des frères». Cela veut dire qu'une de ses activités consiste à nous accuser de choses que nous avons faites contre le Seigneur avant d'être sauvés ou après nous être repentis d'un péché. J'ai un ami qui me disait qu'il avait le sentiment que ses péchés n'étaient pas pardonnés, même après sa nouvelle naissance. Le diable lui rappelait son passé. Comment surmonter cela?

Une accusation est le rappel d'une faute. Si vous vous êtes sincèrement repenti d'un péché, le diable peut se servir de votre conscience, de vos amis et de vos ennemis qui connaissent votre histoire pour continuer à vous accuser. Ces accusations ne doivent pas vous troubler, pour deux raisons.

D'abord, Dieu vous a élu, choisi, comme un de ses enfants, non à cause de ce que vous avez fait, mais parce que le sang de Jésus a lavé vos péchés.

Ensuite, il vous a justifié, déclaré innocent. Si vous êtes accusé devant le tribunal et que le juge vous déclare innocent, vous serez innocent, indépendamment de ce que vous croirez, de ce qu'on dira de vous ou de l'affaire elle-même.

Il est temps d'accepter le verdict de Dieu, qui est juge de tout, et de surmonter notre culpabilité!

LE CONSEIL DE DIEU EST LA CLÉ DE LA PROSPÉRITÉ

> Heureux l'homme qui ne marche pas selon le conseil des méchants, qui ne s'arrête pas sur la voie des pécheurs, et qui ne s'assied pas en compagnie des moqueurs, mais qui trouve son plaisir dans la loi de l'Éternel, et qui la médite jour et nuit! Il est comme un arbre planté près d'un courant d'eau, qui donne son fruit en sa saison, et dont le feuillage ne se flétrit point: tout ce qu'il fait lui réussit.
> —PSAUMES 1:1-3

Certaines personnes sont tellement habituées aux crises et aux problèmes au point où lorsque tout va bien, cela les met mal à l'aise. A chaque période calme, ils pensent que ce n'est pas normal. Ils s'attendent toujours à ce que quelque chose de mauvais leur arrive.

La Bible dit qu'il est possible de prospérer dans tout ce que nous faisons et je crois que c'est vrai. «Tout ce qu'il fait lui réussit.» Tout ce que vous faites peut être béni de Dieu. Comment est-ce possible? En faisant de Dieu votre conseiller. Une révolution financière a eu lieu dans la vie d'Abraham grâce au conseil de Dieu.

Genèse 12:1 dit: «L'Éternel dit à Abram: Va-t-en de ton pays, de ta patrie, et de la maison de ton père, dans le pays que je te montrerai.»

«Abram était très riche en troupeaux, en argent et en or.» (Gen. 13:2)

Le moment est venu pour nous de passer du conseil du monde à celui de Dieu. Le conseil de Dieu, c'est sa Parole.

RECEVOIR LE SAINT-ESPRIT

> Le lendemain, il vit Jésus venant à lui, et il dit: Voici l'Agneau de Dieu, qui ôte le péché du monde. C'est celui dont j'ai dit: Après moi vient un homme qui m'a précédé, car il était avant moi. Je ne le connaissais pas, mais c'est afin qu'il fût manifesté à Israël que je suis venu baptiser d'eau. Jean rendit ce témoignage: J'ai vu l'Esprit descendre du ciel comme une colombe et s'arrêter sur lui. Je ne le connaissais pas, mais celui qui m'a envoyé baptiser d'eau, celui-là m'a dit: Celui sur qui tu verras l'Esprit descendre et s'arrêter, c'est celui qui baptise du Saint-Esprit. Et j'ai vu, et j'ai rendu témoignage qu'il est le Fils de Dieu.
>
> —JEAN 1:29-34

La colombe est un des symboles du Saint-Esprit. Elle ne peut s'arrêter sur votre maison que dans les bonnes conditions. Elle est descendue sur Jésus et s'est arrêtée sur lui, pour ne plus jamais le quitter, car Jésus a pu maintenir sa présence. Pour maintenir la présence du Saint-Esprit dans notre vie, nous devons cultiver la nature de l'Agneau. L'agneau se caractérise par deux choses: sa douceur et sa pureté. Il est propre et calme. Spirituellement, Jésus avait la nature d'un agneau et c'est ce qui lui a permis de maintenir la présence de la colombe.

Quand Jean-Baptiste voyait les Pharisiens, il ne voyait pas la nature de l'agneau. Il voyait des vipères. Je me demande quelle créature vous représente en Esprit. Soyez doux envers la Parole de Dieu et soyez saint. Vous recevrez le Saint-Esprit. Repentez-vous de tout péché connu et décidez d'accueillir le Saint-Esprit!

COMMENT BENEFICIER DE LA PROTECTION DES ANGES?

> Un ange du Dieu à qui j'appartiens et que je sers m'est apparu cette nuit.
>
> — ACTES 27:23

La raison pour laquelle Dieu vous épargnera lors d'un accident n'est pas la taille de votre corps: il vous épargnera parce que vous le servez. Les conditions ont été fixées, nous n'avons plus qu'à les remplir. Vous ne devez donc pas être un paroissien ordinaire. Votre argent, votre corps et votre esprit doivent être au service de Dieu.

Paul a dit que les anges nous protègent pour notre service. Cette année, vous pouvez vivre une vie sans problèmes: si vous servez Dieu, il vous épargnera. Entrepreneurs, la meilleure garantie pour votre société n'est pas une assurance. Epouses, la meilleure protection pour votre foyer n'est pas le rouge à lèvres et le mascara, pas plus que le meilleur des repas. Si vous êtes engagée dans une relation, la meilleure garantie pour vous est de ne pas coucher avec cet homme.

Si vous servez Dieu, des anges viendront veiller sur vous. Le Psaume 91:11-12 dit: «Car il ordonnera à ses anges de te garder dans toutes tes voies ; ils te porteront sur les mains, de peur que ton pied ne heurte contre une pierre.»

Engagez-vous dans un ministère au sein de votre église et participez aux réunions.

Décidez-vous à servir Dieu aujourd'hui et profitez de sa protection!

COMMENT ACCÉDER AUX TRÉSORS CÉLESTES

> A qui nous devons d'avoir eu par la foi accès à cette grâce, dans laquelle nous demeurons fermes, et nous nous glorifions dans l'espérance de la gloire de Dieu.
> — ROMAINS 5:2

Une chose dont vous avez besoin quand vous venez dans la présence de Dieu est la foi. La foi vous aidera à prendre contact avec le monde spirituel. Pour être en contact avec le monde naturel, vous avez besoin de vos sens naturels: goût, odorat, toucher, etc. Si vous n'avez pas d'yeux, vous ne pourrez pas voir. De la même manière, quelqu'un qui n'a pas de foi ne peut être en contact avec le monde spirituel. Pourquoi? Parce que notre foi représente notre main. C'est par elle que nous recevons. Quand nous venons dans la présence de Dieu, nous avons besoin de foi, de croire en Dieu, pour qu'il agisse.

En Matthieu 13:58, Jésus est allé dans sa ville natale, où il n'a pas pu faire beaucoup de miracles, à cause de l'incrédulité des habitants. Je ne parle pas d'un prédicateur quelconque, mais de Jésus lui-même. Il y est allé, mais n'a pas pu faire de miracles à cause de leur *incrédulité*.

Si j'invitais Jésus à prêcher dans votre église, bien que toute puissance lui appartienne, vous auriez toujours besoin de foi. On accède aux trésors de la maison de Dieu par la foi. En tant que chrétien, plus vous avez de foi, plus vous y aurez accès. Le fait que vous êtes chrétien depuis longtemps ne vous garantit pas de recevoir quelque chose de Dieu. La foi vous donne cette garantie. Décidez d'exercer votre foi en croyant Dieu!

COMMENT ÊTRE EN SÉCURITÉ

Ainsi parle l'Éternel: maudit soit l'homme qui se confie dans l'homme, qui prend la chair pour son appui, et qui détourne son cœur de l'Éternel!

—JEREMIE 17:5

Une malédiction provoque la souffrance ou la mort. Puissiez-vous en être délivré! Un jour, j'étais avec un homme qui m'a demandé de prier pour son fils. Il m'a amené à son bureau et m'a dit qu'on lui avait jeté un sort. Quand je lui ai demandé pourquoi il pensait cela, il m'a répondu: «De tout l'étage, son bureau est le seul qui s'est effondré. Priez pour lui.» Spirituellement, la prière seule ne suffit pas, il y a plus de choses à faire.

Jean 13:17 dit: «Si vous savez ces choses, vous êtes heureux, pourvu que vous les pratiquiez.» Si vous succombez au péché pour ne pas perdre une relation, vous serez automatiquement maudit. De même si vous cherchez à plaire à votre patron plutôt qu'à Dieu, pour obtenir une promotion. Si vous dépendez davantage de vous-même que de Dieu, vous serez maudit. Si vous mettez votre confiance en l'homme, cela aura des conséquences spirituelles. Lesquelles? Cela change votre position dans le règne spirituel.

Jérémie 17:6 dit: «Il est comme un misérable dans le désert, et il ne voit point arriver le bonheur ; il habite les lieux brûlés du désert, une terre salée et sans habitants.» Cela veut dire que la vie deviendra un combat pour vous, puisque les plantes luttent pour survivre dans le désert. Décidez aujourd'hui de faire confiance à Dieu en tout ce que vous faites, pour éviter la malédiction!

COMMENT APPROFONDIR SA RELATION AVEC DIEU

> La nouvelle que nous avons apprise de lui, et que nous vous annonçons, c'est que Dieu est lumière, et qu'il n'y a point en lui de ténèbres. Si nous disons que nous sommes en communion avec lui, et que nous marchions dans les ténèbres, nous mentons, et nous ne pratiquons pas la vérité. Mais si nous marchons dans la lumière, comme il est lui-même dans la lumière, nous sommes mutuellement en communion, et le sang de Jésus son Fils nous purifie de tout péché.
> —1 JEAN 1:5-7

Pour être en communion avec quelqu'un, il faut avoir un minimum de choses en commun. Les médecins, les artistes, etc., sont en communion. Qui se ressemble s'assemble.

Paul écrit en 2 Corinthiens 6:14: «Ne vous mettez pas avec les infidèles sous un joug étranger. Car quel rapport y a-t-il entre la justice et l'iniquité ? Ou qu'y a-t-il de commun entre la lumière et les ténèbres?» Dans ce verset, la lumière représente la justice, tandis que les ténèbres représentent l'injustice.

Dieu est saint et juste. Par conséquent, pour être en communion et avoir une relation d'intimité avec lui, nous devons marcher dans la lumière. Dieu ne peut être avec vous quand vous marchez dans les ténèbres. Les gens sont à l'Eglise, mais font toutes sortes de choses. Ils ne sont pas mariés, mais se permettent de forniquer. Ils font des affaires et se permettent d'être malhonnêtes. Le Saint-Esprit ne peut être en communion avec de telles personnes. Le péché chasse la présence de Dieu.

Aujourd'hui, renoncez au péché et marchez dans la lumière. Décidez d'être saint et d'approfondir votre relation avec Dieu!

COMMENT LIMITER LES PROBLÈMES DANS VOTRE VIE

> Ils entrèrent dans la maison, virent le petit enfant avec Marie, sa mère, se prosternèrent et l'adorèrent.
> — MATTHIEU 2:11

Quand les mages ont vu l'enfant Jésus, ils lui ont fait des cadeaux. Le premier cadeau qu'ils lui ont offert était eux-mêmes. En arrivant, ils se sont donnés au Seigneur en se prosternant et en l'adorant.

Par conséquent, vous aussi, la première chose que vous devez offrir à Dieu c'est vous-même. Certaines personnes voudraient d'abord lui donner leur or, mais Dieu veut votre personne, pas votre argent. En vous offrant vous-même à Dieu en premier, vous éviterez des problèmes.

Vous lui avez peut-être offert votre argent et tout ce que vous avez d'autre, sauf vous-même. Vous continuez de vivre dans le péché et de faire des choses qui ne glorifient pas Dieu. Dieu dit: «Commence par te donner toi-même à moi.»

Romains 12:1 dit: «Je vous exhorte donc, frères, par les compassions de Dieu, à offrir vos corps comme un sacrifice vivant, saint, agréable à Dieu, ce qui sera de votre part un culte raisonnable.»

Dieu veut que vous lui offriez votre corps en sacrifice. Par ce processus, il vous transformera.

Donnez-vous vous-même entièrement à Dieu aujourd'hui et voyez-le transformer votre vie!

MES YEUX AFFECTENT MON CŒUR

> Mon œil me fait souffrir, à cause de toutes les filles de ma ville.
> — LAMENTATIONS 3:51

Votre cœur est votre être intérieur: votre esprit, votre volonté, vos pensées et vos émotions. La foi est le produit de l'Esprit. La foi comme l'incroyance peuvent être provoquées par la vue. Quand Jésus est mort et ressuscité, Thomas n'a cru en lui qu'en le voyant.

Ce que vous voyez affecte aussi vos émotions. Par exemple, si vous voyiez un serpent dans votre chambre, cela vous ferait peur. Pourquoi? Parce que vos yeux affectent votre cœur.

Votre volonté peut aussi être influencée par ce que vous voyez. Par exemple, en exposant votre regard à la pornographie, vous pouvez être poussé à commettre l'adultère ou la fornication. Votre esprit est votre centre de commandement, qui prend des décisions. Vos décisions sont influencées par ce que vous voyez. Souvenez-vous de comment Eve a décidé de manger du fruit interdit parce qu'il semblait bon à manger. Le résultat est le chaos que nous vivons aujourd'hui.

Parce que votre œil influence votre cœur, il est important de filtrer consciencieusement les images que vous laissez y entrer. Vous devez garder vos yeux des images négatives, comme la pornographie ou certains films, livres et endroits qui projettent des images négatives. Job a dit: «J'avais fait un pacte avec mes yeux, et je n'aurais pas arrêté mes regards sur une vierge.» (Job 31:1) Nous devons constamment exposer notre regard aux choses saines, comme les Ecritures!

COMMENT SURMONTER L'OPPOSITION

> Considérez, en effet, celui qui a supporté contre sa personne une telle opposition de la part des pécheurs, afin que vous ne vous lassiez point, l'âme découragée.
> — HEBREUX 12:3

Dans la Bible, le mot «contradiction» signifie opposition. S'opposer à quelque chose, c'est y résister. Avez-vous déjà eu l'impression que chaque fois que vous voulez avancer, quelque chose s'oppose à vous? Même le vent doit être pris en compte quand vous commencez à courir, mais tant que vous restez immobile, il ne s'opposera pas à vous.

J'ai compris que l'opposition est normale pour les personnes qui progressent. Si vous grandissez et avancez, soyez prêt à y faire face. Jésus lui-même a fait face à l'opposition dans le passage ci-dessus. A combien plus forte raison vous!

Une manière de surmonter l'opposition est de s'inspirer de personnes qui sont passées par ce que vous traversez maintenant. Notre première source d'inspiration est Jésus. Inspirez-vous de lui, puis d'autres modèles.

Avez-vous échoué à un examen? Avez-vous des difficultés dans vos affaires ou dans votre vie chrétienne? Inspirez-vous de personnes qui ont surmonté tout cela.

N'abandonnez pas et n'ayez pas peur de réessayer. Il y a toujours une deuxième chance!

COMMENT LIBÉRER LA PUISSANCE DE DIEU

Pour moi, frères, lorsque je suis allé chez vous, ce n'est pas avec une supériorité de langage ou de sagesse que je suis allé vous annoncer le témoignage de Dieu. Car je n'ai pas eu la pensée de savoir parmi vous autre chose que Jésus-Christ, et Jésus-Christ crucifié.

— 1 CORINTHIENS 2:1-2

Dans le livre des Actes, Paul a prêché un message philosophique très puissant. La Grèce était connue pour ses philosophes. Pour impressionner les Grecs, Paul a cité certains de leurs poètes connus. Actes 17:28 dit: «car en lui nous avons la vie, le mouvement, et l'être. C'est ce qu'ont dit aussi quelques-uns de vos poètes.»

A sa grande surprise, ils n'ont pas du tout été impressionnés. Il n'y a pas eu de signes et de miracles. Pourquoi? Parce que la puissance de Dieu n'est pas dans la poésie, la philosophie et l'art oratoire, mais dans la Parole de Dieu.

La Bible dit: «Car je n'ai pas eu la pensée de savoir parmi vous autre chose que Jésus-Christ, et Jésus-Christ crucifié.» (1 Cor. 2:2)

Si vous voulez expérimenter la puissance de Dieu, vous devez être déterminé à ne pas dépendre seulement de vos pensées et de vos sens. Vous devez rejeter le rapport médical pour ne connaître que Jésus-Christ, et Jésus-Christ crucifié.

Si vous connaissez trop bien votre mari, vous ne pourrez pas croire que Dieu peut le changer. Si vous connaissez trop bien votre salaire, vous ne pourrez pas croire que Dieu peut faire prospérer vos finances. Soyez déterminé à ne connaître rien d'autre que Jésus-Christ, et Jésus-Christ crucifié.

Mettez un point d'honneur à étudier la Parole de Dieu pour en découvrir plus sur lui!

BOISSON ENERGETIQUE

Calories : CONNAISSANCE

POINT DE NON-RETOUR

> Amatsia dit à l'homme de Dieu: Et comment agir à l'égard des cents talents que j'ai donnés à la troupe d'Israël? L'homme de Dieu répondit: L'Éternel peut te donner bien plus que cela.
> — 2 CHRONIQUES 25:9

J'ai conseillé des personnes qui avaient l'impression d'être allées trop loin dans leur désobéissance pour pouvoir encore revenir à Dieu. Parfois, ils sont engagés dans une relation toxique, mais la rompre causerait de sérieux dégâts collatéraux. D'autres fois, ils regrettent de ne pas pouvoir rattraper le temps passé. Que faites-vous quand vous êtes engagé à faire quelque chose qui n'est pas la volonté de Dieu?

Amatsia avait levé une armée pour la guerre. Il est même allé plus loin et a recruté 300 000 soldats pour l'aider. Il a investi beaucoup de temps et de ressources dans cette aventure. Alors qu'il était prêt à partir au combat, un prophète lui a dit de tout annuler, parce que ce n'était pas la volonté de Dieu. Perplexe, il a demandé au prophète: «Et qu'en est-il de l'argent et des engagements que j'ai pris?»

Le prophète lui a répondu que le prix de la désobéissance serait plus élevé que celui de l'obéissance ; de plus, le Seigneur pourrait lui rendre tout ce qu'il aurait perdu.

Parfois, dans notre désespoir, nous allons à l'encontre de la volonté de Dieu pour éviter les pertes. Faisons confiance à Dieu et obéissons-lui, car il est capable de restaurer!

LUTTEZ, N'ABANDONNEZ PAS

> Je regardai, et m'étant levé, je dis aux grands, aux magistrats, et au reste du peuple: Ne les craignez pas! Souvenez-vous du Seigneur, grand et redoutable, et combattez pour vos frères, pour vos fils et vos filles, pour vos femmes et pour vos maisons!
>
> — NEHEMIE 4:14

Avez-vous déjà pensé à abandonner? La vie est un combat. Un combat peut survenir à tout moment. Le pire: parfois, un autre combat survient alors que vous êtes déjà engagé dans un premier combat et que vos forces s'épuisent.

Vous pouvez perdre votre travail au milieu d'un divorce. Vous pouvez avoir un problème de santé associé à un problème financier. Pour l'emporter, vous devez puiser dans un réservoir de force surnaturelle.

Que pouvez-vous faire pour lutter sans abandonner? Examinons ensemble ce que Néhémie a fait. D'abord, il s'est relevé! Il est temps de vous relever, de renoncer au découragement et de décider de lutter. Ensuite, il s'est souvenu de Dieu. Ne vous souvenez pas de vos problèmes, de vos ressources et de vos ennemis, mais des promesses de Dieu.

Enfin, vous avez besoin de motivation pour lutter. Néhémie était conscient des enjeux. La plupart du temps, un combat a des implications qui dépassent son résultat immédiat. Par exemple, si votre mariage échoue, cela affectera vos enfants. Luttez pour vous-même, vos enfants, votre famille et vos amis. Relevez-vous et luttez!

RACINES ET FRUITS

Ce qui aura été sauvé de la maison de Juda,
ce qui sera resté poussera encore des racines
par-dessous, et portera du fruit par-dessus.

— 2 ROIS 19:30

Dieu a promis de rendre Israël prospère après sa captivité. Pour cela, il leur a dit de «pousser des racines par-dessous et de porter du fruit par-dessus». Ce verset contient de belles leçons pour nous.

D'abord, votre expérience et votre arrière-plan ne doivent pas vous empêcher de porter du fruit. Vous avez peut-être des problèmes dans votre mariage, des problèmes de santé ou des problèmes financiers, vous avez peut-être rechuté ou même abandonné. Vous pouvez vous remettre de cette captivité! Ensuite, efforcez-vous de pousser des racines par-dessous. Cela a plusieurs implications. Examinons-en quelques-unes:

Sacrifice: pour que les racines poussent, il faut sacrifier une graine. Vous devrez peut-être sacrifier votre orgueil, votre égoïsme, vos amis, votre mode de vie ou votre péché pour vous reconstruire après une épreuve.

Humilité: pour prendre racine, il faut aller en profondeur. Parfois, vous devrez vous humilier devant Dieu, demander pardon ou accepter un travail peu gratifiant.

Enterrement: les graines sont enterrées seules. Cela peut impliquer la solitude, la tristesse, le rejet, et même le ridicule. Quand vous êtes enterré, on ne vous remarque pas et on peut même vous marcher dessus.

Enfin, un jour, la graine enterrée ressortira de terre, grandira et deviendra un arbre qui portera du fruit. A ce moment-là, on louera la beauté de vos fruits et oubliera qu'ils sont issus d'une graine enterrée.

Ne perdez pas espoir, car même si vous pleurez toute la nuit, la joie viendra certainement le matin!

RÉGNER COMME UN ROI

Ce n'est point aux rois, Lemuel, ce n'est point aux rois de boire du vin, ni aux princes de rechercher des liqueurs fortes, de peur qu'en buvant ils n'oublient la loi, et ne méconnaissent les droits de tous les malheureux. Donnez des liqueurs fortes à celui qui périt, et du vin à celui qui a l'amertume dans l'âme.

—PROVERBES 31:4-6

Dieu a créé l'homme pour dominer et régner comme un roi. Quand il a créé Adam, il lui a dit de dominer. Nous devons régner sur le monde, sur le péché, sur la pauvreté et sur le diable, mais beaucoup d'entre nous ne règnent pas comme ils le devraient. Je voudrais examiner quelques causes probables de cet état de fait.

La mère du roi Lemuel lui a déconseillé de boire du vin, car cela lui ferait oublier la loi et la Parole de Dieu, avec diverses conséquences que nous allons à présent examiner.

1. La Parole de Dieu contient une puissance spirituelle. Sa mère lui a dit que les rois ne boivent pas de vin, car cela les ferait «oublier la loi» ou la Parole, qui est la première source de puissance spirituelle.

2. La Parole est source de sagesse. Les rois ne boivent pas de vin, parce que cela les ferait oublier la loi ou la Parole et affecterait leurs capacités mentales.

3. La Parole nous aide à prendre de bonnes décisions. Nos jugements et décisions peuvent être pervertis si nous oublions la Parole.

Lisez la Parole et obéissez-lui pour régner comme un roi!

MÉMOIRE SÉLECTIVE

Nous nous souvenons des poissons que nous mangions en Égypte, et qui ne nous coûtaient rien, des concombres, des melons, des poireaux, des oignons et des aulx. Maintenant, notre âme est desséchée: plus rien! Nos yeux ne voient que de la manne.
—NOMBRES 11:5-6

Quand Dieu a fait sortir Israël d'Egypte, ils ont eu des problèmes sur le chemin de la Terre promise, mais ceux-ci n'étaient pas comparables à l'esclavage. Ils se sont même plaints du repas gratuit, de la «manne» du ciel. Ils se sont souvenus de la nourriture qu'ils mangeaient en Egypte, en ignorant leurs difficultés. Parfois, le diable nous donne une mémoire sélective. Il peut exagérer vos petits problèmes au point de vous faire oublier toutes les bénédictions dont vous jouissez. Il peut vous rappeler les quelques moments agréables que nous avons vécus dans le monde en passant sous silence toutes les épreuves et souffrances que vous avez traversées en tant qu'incroyant.

Il peut vous rappeler les quelques moments de passion que vous avez vécus avec votre ex-petite amie, en occultant tous ses problèmes de caractère et tout ce qu'elle vous a fait souffrir, jusqu'à vous faire oublier l'épouse merveilleuse avec laquelle Dieu vous a béni.

Il peut vous montrer quelques aspects négatifs de votre travail et vous faire oublier que c'est une bénédiction pour vous d'avoir ce travail. Il peut mettre en avant les mauvaises notes de vos enfants et vous faire oublier qu'il y a des personnes qui n'ont même pas d'enfants.

Souvenons-nous toujours de ce que le Seigneur a fait et nous le louerons toujours!

QUAND JE SUIS MALADE, DOIS-JE ME CONFIER EN LA PRIÈRE OU EN LA MÉDECINE?

> Ésaïe dit: Prenez une masse de figues. On la prit, et on l'appliqua sur l'ulcère. Et Ézéchias guérit.
>
> —2 ROIS 20:7

Il y a des chrétiens qui croient qu'il ne faut pas prendre de médicaments quand on est malade, car seule la prière peut nous guérir. D'autres croient qu'il faut prendre des médicaments. Qui a raison?

Pour répondre à cette question, examinons comment Dieu est venu en aide au roi Ezéchias quand il était malade: il a demandé à Esaïe de prendre des figues et de les appliquer sur son ulcère. Quels principes peut-on en tirer?

1. Nous devons nous laisser diriger par l'Esprit de Dieu. Ezéchias n'a pas eu recours à une méthodologie particulière, mais il a reçu des instructions de Dieu. Il s'est seulement laissé guider par l'Esprit de Dieu.

2. Esaïe s'est servi d'une combinaison de moyens de guérison naturels et spirituels. Il semble que, si l'Esprit vous dirige dans ce sens ou que votre foi le permet, vous pouvez associer médecine et prière. Esaïe s'est servi à la fois de figues, une plante naturelle, et de foi.

3. La guérison surnaturelle peut être graduelle. La Bible dit qu'Ezéchias a été guéri. Par implication, je peux dire que c'était une guérison graduelle.

Avez-vous besoin de guérison? Dépendez de l'Esprit pour qu'il vous montre quoi faire!

LA CRAINTE DE DIEU N'EST PAS EN CE LIEU

> Abraham répondit: Je me disais qu'il n'y avait sans doute aucune crainte de Dieu dans ce pays, et que l'on me tuerait à cause de ma femme.
> —GENESE 20:11

Une chose dont nous avons besoin partout est la crainte de Dieu. Elle doit être dans notre cœur, dans nos foyers, dans notre mariage, à notre bureau et dans notre pays. C'est une bonne qualité, qui doit imprégner ce que nous sommes et tout ce que nous faisons. Pourquoi est-ce si important?

La crainte est une puissante émotion, qui influence nos décisions et nos actes, positivement ou négativement. Par exemple, je me tenais récemment sur le balcon d'un très haut bâtiment, quand soudain, un vent très fort a commencé à souffler. J'ai pris la bonne décision de partir parce que j'ai jugéque c'était dangereux. La crainte de tomber m'a poussé à prendre la bonne décision.

Quand Abraham est arrivé à Canaan, il a compris que la crainte de Dieu n'était pas dans ce pays. Alors, il a décidé de partir, car les hommes de Canaan n'avaient pas la crainte de Dieu et pouvaient donc faire beaucoup de mal, y compris tuer. Il est dangereux d'être en relation avec des personnes qui n'ont pas la crainte de Dieu. Ces personnes peuvent être méchantes et mauvaises. Quand vous travaillez avec elles, elles peuvent facilement vous manipuler et vous exploiter. Sans la crainte de Dieu dans notre cœur, nous pouvons prendre de mauvaises décisions. Laissez la crainte de Dieu envahir votre vie pour vous épanouir!

DIEU VEUT QUE VOUS AYEZ DES RÊVES ET DES VISIONS

> Dans les derniers jours, dit Dieu, je répandrai de mon Esprit sur toute chair ; vos fils et vos filles prophétiseront, vos jeunes gens auront des visions, et vos vieillards auront des songes. Oui, sur mes serviteurs et sur mes servantes, dans ces jours-là, je répandrai de mon Esprit ; et ils prophétiseront.
> — ACTES 2:17-18

J'ai deux choses à vous faire remarquer dans ce passage. D'abord, Dieu a répandu son Esprit sur toute chair le jour de la Pentecôte. Cela inclut tous les hommes, les femmes et les enfants, tout le monde.

Ensuite, il a répandu des prophéties, des rêves et des visions.

Mon ami, Dieu veut que vous ayez des rêves et des visions. C'est sa volonté.

Les personnes non spirituelles minimisent l'importance des rêves et des visions. Quand Joseph a fait un rêve, ses frères l'ont détesté et ont méprisé son rêve. Dans l'Eglise aussi, il y a des rêveurs qui, comme Joseph, seront détestés et subiront la moquerie. Ceux qui se moquent de telles personnes sont plutôt jalouses, car avoir des rêves et des visions est une bonne chose.

Je suis fier d'être un homme de rêves et de visions. Comme le dit Paul en 2 Corinthiens 12:7, nous ne sommes pas censés nous vanter de nos voitures, de nos maisons et de nos téléphones, mais de nos rêves et de nos visions. De quoi vous vantez-vous ?

J'étais en Afrique du Sud récemment. A mon arrivée, un esprit islamique est venu dans ma chambre et m'a demandé: «Homme de Dieu, que fais-tu ici? Retourne d'où tu viens.»

«Pourquoi cela?» lui ai-je demandé.

«Nous voulons faire de l'Afrique du Sud un Etat islamique, car c›est le pays africain le plus puissant. Si tu ne veux pas avoir d'ennuis, va-t'en!»

J'étais stupéfait!

La même chose m'est arrivée au Mozambique: j'ai eu une vision des plans de Satan pour ce pays. Ces rencontres m'ont permis de savoir à quel sujetprier dans mes moments d'intercession.

Priez pour avoir des rêves et des visions afin de connaître la pensée de Dieu!

VOULEZ-VOUS VIVRE LONGTEMPS?

> Car toi, ô Dieu ! Tu exauces mes vœux, tu me donnes l'héritage de ceux qui craignent ton nom. Ajoute des jours aux jours du roi ; que ses années se prolongent à jamais!
>
> —PSAUMES 61:5-6

Une longue vie est le fruit à la fois de choses physiques et spirituelles. Sur le plan spirituel, il y a des choses que vous pouvez faire afin de prolonger votre vie. Ce verset révèle un de ces secrets. Examinons-le en détail.

Je voudrais d'abord vous faire remarquer que certaines bénédictions constituent notre héritage: «tu me donnes l'héritage.»

Ensuite, nous pouvons hériter du Seigneur une longue vie: «Ajoute des jours aux jours du roi.»

Enfin, un critère d'accès à cet héritage est «la crainte du Seigneur».

La crainte du Seigneur peut vous aider à vivre une vie longue en bonne santé. Marchez dans l'obéissance aujourd'hui, car l'obéissance est le fruit de la crainte du Seigneur!

DU COURAGE POUR LA NOUVELLE ANNÉE

> Comme il y pensait, voici, un ange du Seigneur lui apparut en songe, et dit: Joseph, fils de David, ne crains pas de prendre avec toi Marie, ta femme, car l'enfant qu'elle a conçu vient du Saint-Esprit.
>
> — MATTHIEU 1:20

Le courage se définit aussi comme la force mentale de s'aventurer vers de nouveaux horizons. Nous avons tous notre zone de confort, qui nous est familière, mais dès que nous devons en sortir, nous sommes moins à l'aise. Il faut du courage pour créer une entreprise, louer une maison, acheter sa première voiture ou occuper de nouvelles fonctions.

Quand Joseph, le père de Jésus, devait épouser Marie, il s'est presque défilé, par peur d'épouser une femme déjà enceinte, qui prétendait que l'enfant venait de Dieu. Dieu lui a envoyé un ange pour l'encourager.

L'ange lui a dit: «Ne crains pas.»

Que voulez-vous faire au cours de l'année qui vient? Vous marier, construire une maison ou créer votre entreprise?

Ne craignez pas. Vous pouvez le faire avec Dieu à vos côtés!

JOYEUX NOËL!

[…] les vaines discussions d'hommes corrompus d'entendement, privés de la vérité, et croyant que la piété est une source de gain.
— 1 TIMOTHEE 6:5

La corruption se définit notamment comme l'altération de l'état original d'une chose, en y ajoutant ou en en retranchant quelque chose.

Noël est la célébration de la naissance d'une personne: Jésus-Christ. Malheureusement, avec le temps, le sens spirituel de cette fête a été corrompu.

En anglais, Christ a été subtilement remplacé par X, si bien qu'on dit: «Merry 'Xmas'» au lieu de «Merry Christmas».

En mathématiques, la lettre X désigne une quantité inconnue. Cela veut dire que tout un chacun peut définir «Xmas» comme il veut. Certains le définissent par l'argent, d'autres par la fornication et l'adultère, etc.

Maintenant, dites-moi ce que sera votre Noël? Un moment pour honorer Dieu ou pour faire ce qui est bon à vos propres yeux?

Je vous souhaite un joyeux Noël et une bonne année!

LE SECRET DE LA CROISSANCE

> Il s'est élevé devant lui comme une faible plante, comme un rejeton qui sort d'une terre desséchée ; il n'avait ni beauté, ni éclat pour attirer nos regards, et son aspect n'avait rien pour nous plaire.
>
> —ESAÏE 53:2

Jésus est né dans des conditions très difficiles, dans une étable, dans une famille pauvre. Il n'était ni seigneur, ni scribe, ni Pharisien: il n'était qu'un simple fils de charpentier. Il est né «petit», il n'est pas resté petit, il a grandi.

Tout ce qui est petit peut grandir. Un petit ministère peut devenir plus grand, de même qu'un petit travail, une petite entreprise ou une petite initiative.

Une manière d'y arriver est de faire comme Jésus, qui grandissait devant Dieu. Qu'est-ce que cela veut dire? Cela veut dire qu'il laissait Dieu le guider et le diriger.

Un jour, j'ai décidé d'apprendre à mes fils à faire du vélo dans la rue. Je les faisais rouler devant moi et les suivais. Je n'arrêtais pas de leur donner des instructions: «arrête-toi, tourne à gauche, tu arrives à un croisement, attends, etc.» Je leur apprenais à grandir.

Assurez-vous d'écouter les commandements de votre Père céleste, qui se tient derrière vous et vous donne des instructions par sa Parole et par son Esprit. Alors, tout ce que vous toucherez grandira!

ANTIVIRUS

> Comme ils ne se sont pas souciés de connaître Dieu, Dieu les a livrés à leur sens réprouvé, pour commettre des choses indignes, étant remplis de toute espèce d'injustice, de méchanceté, de cupidité, de malice ; pleins d'envie, de meurtre, de querelle, de ruse, de malignité.
> — ROMAINS 1:28-29

Un jour, j'ai allumé mon ordinateur et j'ai remarqué qu'il se comportait d'une manière anormale. Il était devenu très lent. Peu à peu, ses performances se sont détériorées, jusqu'à atteindre un point où il ne fonctionnait plus du tout. Des virus avaient attaqué mon disque dur. J'avais besoin d'un antivirus pour les localiser et les détruire.

Votre cerveau est le disque dur de votre corps. Tous les jours, il subit les attaques de virus des médias, de la télévision, de films et de paroles négatives, au point où votre esprit finit par se corrompre, ce qui se reflète dans vos décisions et, enfin, dans vos actes. Vous commencez à faire des choses inconvenantes et inutiles, à vous droguer, à être infidèle, à voler, à vous réfugier dans la pornographie ou dans l'occultisme.

Dieu vous a donné un antivirus pour nettoyer votre esprit: la Bible, votre principale source de connaissance à propos de Dieu.

Lisez votre Bible tous les jours et nettoyez votre esprit pour éviter toute corruption!

NE SOYEZ PAS FOU

> L'insensé met en dehors toute sa passion, mais le sage la contient.
> — PROVERBES 29:11

Certaines personnes sont fières d'être franches et directes. Elles disent ce qu'elles pensent. Cette attitude a ses avantages, mais la Bible qualifie ces personnes d'«insensées».

Ces personnes perdent facilement leur travail, détruisent des relations et sèment la confusion. Elles demandent une femme en mariage au premier rendez-vous, alors, évidemment, elles échouent!

La Bible nous exhorte à être prompts à écouter et lents à parler. Plus on avance, plus il faut faire attention à ce qu'on dit, car une mauvaise parole peut détruire des années de bon travail.

Soyons sages en prononçant les bonnes paroles au bon moment, dans le bon contexte et avec le bon contenu!

COMMENT GÉRER LA CRITIQUE ET LES INTRIGUES

> L'homme que je choisirai sera celui dont la verge fleurira, et je ferai cesser de devant moi les murmures que profèrent contre vous les enfants d'Israël.
> — NOMBRES 17:5

On m'a demandé récemment comment gérer la critique et les intrigues. Je lui ai répondu en un seul mot: «Excellence!»

Quand Aaron a fait face aux intrigues, Dieu a dit: «Je ferai fleurir ta verge.» Autrement dit, je te ferai exceller par-dessus tous les autres, et ainsi, les murmures, intrigues et critiques cesseront.

Les intrigues permettent à des personnes incompétentes et non qualifiées d'avancer dans un système. Leur manque de résultats ne leur laisse pas d'autre choix.

Les intrigues peuvent ouvrir la voie à des progrès soudains, mais seulement temporaires. L'excellence finira par triompher.

Quand vous excellez dans un domaine, les voix du racisme, du sexisme, des préjugés, des critiques et de la méchanceté finiront par se taire.

Recherchez l'excellence dans votre domaine. Ainsi, les critiques et manœuvres politiciennes seront réduites au silence pour toujours!

COMMENT ENTRER DANS VOTRE APPEL

> C'est pour cela que nous aussi, depuis le jour où nous en avons été informés, nous ne cessons de prier Dieu pour vous, et de demander que vous soyez remplis de la connaissance de sa volonté, en toute sagesse et intelligence spirituelle.
>
> —COLOSSIENS 1:9

Pour accomplir la volonté de Dieu dans votre vie, vous avez besoin de deux choses: la sagesse et l'intelligence spirituelle. L'intelligence spirituelle est la capacité de comprendre les choses spirituelles. C'est possible à la lumière de la révélation du Saint-Esprit au travers des Ecritures, des rêves et des visions.

Par exemple, je comprends le plan de Dieu pour ma vie par une vision. Jésus m'a dit que j'ai été appelé à un ministère de prophète et d'enseignant. Mon problème a été de développer cet appel pour devenir prophète et enseignant. C'est là que nous avons besoin de sagesse.

La sagesse vous aidera à faire passer le spirituel dans le règne terrestre, afin de le rendre tangible et réel. Elle vous montrera comment, quand et avec qui mettre en œuvre votre appel.

Priez pour la sagesse et l'intelligence spirituelle!

LES PRIÈRES INSTANTANEES

> Et le roi me dit: Que demandes-tu? Je priai le Dieu des cieux, et je répondis au roi: Si le roi le trouve bon, et si ton serviteur lui est agréable, envoie-moi en Juda, vers la ville des sépulcres de mes pères, pour que je la rebâtisse.
>
> —NEHEMIE 2:4-5

Il y a différentes formes de prière. Aujourd'hui, je voudrais vous en présenter une qui n'est pas si courante: la «prière instantanée». Cette forme de prière est très utile au milieu d'une conversation, surtout avec quelqu'un d'important, comme votre patron, la femme que vous demandez en mariage, un recruteur ou un ennemi à un rendez-vous crucial, ou encore dans une situation où votre réponse déterminera la suite.

Néhémie a demandé au roi l'autorisation de reconstruire la muraille de Jérusalem. C'était une requête dangereuse, car les esclaves n'avaient aucun droit, mais cruciale, car l'avenir de la nation en dépendait. Alors, au milieu de la conversation, il s'est interrompu et a fait une prière instantanée, pour la sagesse et la faveur, puis il a prononcé les bonnes paroles.

Je vous encourage à commencer à faire des prières instantanées!

LA BEAUTÉ DE LA SAINTETÉ

> Puis, d'accord avec le peuple, il nomma des chantres qui, revêtus d'ornements sacrés, et marchant devant l'armée, célébraient l'Éternel et disaient: Louez l'Éternel, car sa miséricorde dure à toujours!
>
> —2 CHRONIQUES 20:21

Que signifie l'expression «beauté de la sainteté»? Josaphat a nommé des chantres pour chanter devant son armée alors qu'elle allait au combat. Ils chantaient la beauté de la sainteté. Quand ils commençaient à chanter, ils parlaient de la miséricorde de Dieu.

La beauté de la sainteté signifie, entre autres, la miséricorde. Pourquoi?

Nous avons toujours tendance à manquer de miséricorde envers ceux qui n'ont pas les mêmes faiblesses que nous. Par exemple, si vous n'avez pas de problème avec l'alcool, vous pourrez facilement manquer de miséricorde envers un alcoolique, parce que vous ne le comprenez pas. Dieu est saint, mais il fait miséricorde à l'humanité pécheresse. Telle est la beauté de la sainteté: vous pouvez être miséricordieux envers des personnes manifestement plus faibles que vous et qui ne le méritent pas.

Soyez miséricordieux quand vous êtes en position de force par rapport à votre père malade qui ne s'est pas occupé de vous, à vos amis méchants qui ont dit du mal de vous ou à votre conjoint au chômage.

Décidez aujourd'hui d'être miséricordieux!

VEILLEZ ET PRIEZ

> Nous priâmes notre Dieu, et nous établîmes une garde jour et nuit pour nous défendre contre leurs attaques.
>
> —NEHEMIE 4:9

Chaque fois que vous voudrez faire quelque chose dans cette vie, vos ennemis voudront vous en empêcher. Quand Néhémie a voulu reconstruire la muraille de Jérusalem, il a fait face à beaucoup d'opposition.

Alors, il a fait deux choses pour se protéger:

1. Il a prié.
2. *Il a veillé.*

Ne vous endormez jamais face aux autres, même s'ils sont chrétiens. La vigilance est cruciale, dans le mariage, les affaires et la vie en général.

Gardez les yeux grand ouverts, car Samson s'est fait couper les cheveux dans son sommeil!

QUAND LES LIONS PERDENT L'APPÉTIT

> Mon Dieu a envoyé son ange et fermé la gueule des lions, qui ne m'ont fait aucun mal, parce que j'ai été trouvé innocent devant lui ; et devant toi non plus, ô roi, je n'ai rien fait de mauvais.
>
> —DANIEL 6:22

Daniel était bien nourri, en bonne santé et juteux, mais quand il a été jeté dans la fosse aux lions comme un repas délicieux, les lions ont refusé de le manger.

Le diable rôde comme un lion, cherchant qui il va dévorer. Que pouvez-vous faire pour l'empêcher de dévorer votre santé, votre paix, vos enfants, vos finances ou votre avenir?

Daniel a cité deux raisons pour lesquelles les lions peuvent perdre l'appétit:

1. Il était innocent et sans reproche devant Dieu. Il a dit au roi qu'il était innocent et n'av*ait commis aucun péché devant Dieu.*

2. *Il était innocent et sans reproche devant les ho*mmes. Il n'avait trompé ni volé personne.

L'innocence et la pureté devant Dieu et devant les hommes fait perdre leur appétit aux lions.

La sainteté est la meilleure protection contre le mal, alors soyez saint!

QUI VEUT ÊTRE LE PATRON?

Tu le rendras participant de ta dignité, afin que toute l'assemblée des enfants d'Israël l'écoute.
— NOMBRES 27:20

Une manière dont Dieu nous honore consiste à nous mettre en position d'autorité et à pousser ceux qui nous sont soumis à nous obéir.

Moïse devait partager l'honneur des responsabilités que Dieu lui avait confiées avec Josué. Israël devait obéir à Josué, leur nouveau chef, comme à Moïse.

C'est un honneur pour les enfants d'obéir à leurs parents, pour les femmes d'obéir à leur mari, pour les membres d'une église d'obéir à leur pasteur, pour les étudiants d'obéir à leurs enseignants, pour les employés d'obéir à leurs employeurs, etc.

Qu'est-ce qui nous qualifie pour l'honneur de voir ceux qui sont sous notre autorité nous obéir? Nous devons développer un cœur de serviteur.

Souvenez-vous que Josué a toujours été décrit comme le serviteur de Moïse. La puissance entre les mains d'un tyran peut être une exploitation dangereuse.

Nous devons développer un cœur de serviteur. Alors, Dieu, qui connaît les cœurs de tous les hommes, nous honorera.

Diriger, c'est servir les autres, pas profiter d'eux!

QUI VOUS ENTERRERA?

> Des hommes pieux ensevelirent Étienne, et le pleurèrent à grand bruit.
>
> —ACTES 8:2

J'ai assisté à beaucoup d'enterrements. Il est surprenant de voir à quel point le public reflète généralement la vie du défunt.

Un jour, j'étais à un enterrement où des amis du défunt, alcooliques comme lui, suivaient le cercueil, complètement ivres, empestant l'alcool et chantant des chants profanes.

Etienne a été enterré par des hommes pieux et saints. Au ciel, Jésus s'est levé afin de recevoir son esprit.

Quand vous mourrez, qui vous enterrera et qui vous recevra? J'espère que ce ne sera pas l'enfer.

Vivez pour Dieu et mourez la mort du juste!

CE QUI PLAÎT AU SEIGNEUR

> Il a plu à l'Éternel de le briser par la souffrance... Après avoir livré sa vie en sacrifice pour le péché, il verra une postérité et prolongera ses jours ; et l'œuvre de l'Éternel prospérera entre ses mains.
>
> —ESAÏE 53:10

Les chrétiens modernes ont du mal à faire face à la souffrance et à la douleur. Face aux difficultés, beaucoup de personnes concluent que Dieu est absent. Votre souffrance ne veut pas forcément dire que vous êtes en dehors de la volonté de Dieu.

Par exemple, un membre d'une église repris publiquement par son pasteur sera facilement tenté de quitter l'église à cause de cette humiliation. Il se peut que Dieu voulait qu'il soit repris publiquement, pour changer quelque chose en lui, peut-être son orgueil.

Jésus a souffert sur la croix, alors que «le Seigneur prenait plaisir en lui».

Il y a des choses dans la vie qui ne nous plaisent pas, mais qui font partie du plan de Dieu.

Priez pour le discernement pour distinguer ce qui plaît à Dieu et de ce qui vous plaît à vous!

OUVREZ LES PORTES POUR LAISSER ENTRER DIEU

Portes, élevez vos linteaux ; élevez-vous, portes éternelles! Que le roi de gloire fasse son entrée!
— PSAUMES 24:7

Comment ouvrir les portes pour laisser Dieu intervenir dans votre situation? Peut-être souffrez-vous à cause d'une maladie mortelle, d'un enfant égaré, d'un mariage épouvantable ou d'une situation financière désespérée. Le Psalmiste nous dit que notre tête est la porte par laquelle Dieu interviendra. Le laisser entrer ou non dépend de nous.

Les portes s'ouvrent quand vous «levez la tête». Alors, le Roi de gloire entrera. Cela requiert la prière.

Quand Jésus a ressuscité Lazare et nourri 5 000 hommes, il a levé la tête au ciel pour prier. Alors, les portes de la situation se sont ouvertes, Dieu est intervenu et un miracle s'est accompli.

Je me souviens d'un jour où j'ai prié et ouvert la porte pour que Dieu puisse guérir un homme qui souffrait d'insuffisance rénale.

Ouvrez dès à présent les portes pour laisser Dieu intervenir dans votre situation, en levant la tête pour prier!

DÉPASSER VOS LIMITES

> Ils ne cessèrent de tenter Dieu, et de provoquer le Saint d'Israël.
>
> —PSAUMES 78:41

Il est possible de limiter l'action de Dieu dans votre vie. Nous avons souvent tendance à penser que nous devons mendier et cajoler Dieu afin d'aller au-delà des circonstances présentes. Il peut s'agir d'argent, de guérison, d'un rêve, d'onction, etc.

Les Israélites n'ont pas pu hériter la Terre promise parce qu'ils ont limité ce que Dieu pouvait faire pour eux. Comment?

D'abord, ils l'ont tenté, en murmurant et en se plaignant de leurs difficultés et de leurs problèmes, avec pour suite logique l'étape suivante.

Ensuite, ils lui ont tourné le dos, à lui, à son plan et à ses promesses. A cause de cela, ils n'ont pas pu devenir ce que Dieu voulait qu'ils soient.

Beaucoup ont limité Dieu pendant un moment de difficulté, de manque et de problèmes, en murmurant et en abandonnant ses promesses.

Souvenez-vous de garder votre bouche et de rester attaché aux promesses de Dieu, même dans les moments difficiles, et vous battrez tous les records et dépasserez toutes les limites!

ETUDIANT DE LA PAROLE DE DIEU

> Quel est l'homme qui craint l'Éternel? L'Éternel lui montre la voie qu'il doit choisir.
> — PSAUMES 25:12

Un jour, j'ai eu une conversation intéressante avec un étudiant de la Bible. Après la discussion, il m'a demandé de prier pour lui, qu'il soit un homme de Dieu. Je lui ai répondu: «Ma prière aidera peut-être, mais es-tu un étudiant de Dieu?»

Il m'a répondu, perplexe: «Mais je suis dans une école biblique.»

Alors, je lui ai dit: «C'est différent: tu peux être étudiant de la Bible, mais pas étudiant de Dieu. Tu dois t'assurer d'être non seulement étudiant dans cette bonne école biblique, mais aussi un étudiant de Dieu.»

J'ai poursuivi: «Dieu choisit ceux qu'il inscrit et enseigne, pas forcément en fonction de leur niveau d'éducation ou s'ils ont payé leur inscription, mais à une condition: la crainte du Seigneur. Il prend sur lui-même d'enseigner ceux qui le craignent ; voilà les frais d'études.»

Vous avez peut-être une concordance biblique, une Bible d'étude, un commentaire biblique et même une croix, des choses bonnes et utiles ; mais souvenez-vous que Dieu choisit ceux qui le craignent pour les enseigner.

La crainte de Dieu est tout ce dont vous avez besoin pour être un étudiant de Dieu!

DE L'OBSCURITÉ A LA LUMIÈRE

Alors Pierre, ouvrant la bouche, dit: En vérité, je reconnais que Dieu ne fait point acception de personnes.

— ACTES 10:34

Quand j'étais plus jeune, je me demandais si je pouvais recevoir la même onction que les hommes de Dieu qui prêchaient à nos conventions. Je me sentais obscur, petit et incapable en me comparant à ces hommes de Dieu.

Un jour, j'ai lu ce verset, qui m'a fait comprendre que Dieu n'a pas de préférés, mais que nous sommes tous égaux devant lui.

Des hommes puissants, comme Pierre, qui était en communion avec Jésus, pouvaient être baptisés du Saint-Esprit, de même que des nouveaux convertis et des Gentils comme Corneille.

Personne n'est à part dès sa naissance. Vous pouvez avoir l'onction de Moïse, la richesse de Salomon ou la puissance de Paul. Dieu ne fait pas acception de personnes.

Levez-vous et croyez que Dieu fera de vous celui qu'il vous destine à être. Vos limites n'existent que dans votre esprit!

FIXER LES BONNES PRIORITÉS

> Voici le commencement de la sagesse: acquiers la sagesse, et avec tout ce que tu possèdes acquiers l'intelligence.
>
> — PROVERBES 4:7

Le mot «commencement» signifie le premier d'une série. Par exemple, 1 est le premier d'une série de nombres allant jusqu'à 10. Le chiffre 2 est important, mais il faut commencer par 1, car 2 dérive de 1. 1 + 1 = 2.

Entre les dons de guérison, de délivrance, de paroles de connaissance et de sagesse, lequel choisiriez-vous en premier? D'après les Ecritures, vous devriez commencer par la sagesse.

Jésus a commencé son ministère par la sagesse, pas par des guérisons. «Et Jésus croissait en sagesse, en stature.» (Luc 2:52) Dieu a commencé sa création par la sagesse. «C'est par la sagesse que l'Éternel a fondé la terre.» (Prov. 3:19)

Sans la sagesse, beaucoup d'autres choses, notamment les affaires, le mariage, la vie d'église et les talents, ne peuvent être développés d'une manière significative ni utilisés d'une manière responsable.

Priez et lisez la Bible pour recevoir la sagesse!

LA FOI POUR ÊTRE

> Il écoutait parler Paul. Et Paul, fixant les regards sur lui et voyant qu'il avait la foi pour être guéri, dit d'une voix forte: Lève-toi droit sur tes pieds. Et il se leva d'un bond et marcha.
>
> — ACTES 14:9-10

Que voulez-vous devenir? Chanteur gospel, homme d'affaires, mère, pasteur? Ou bien voulez-vous être guéri? Vous pensez peut-être que vous n'en êtes pas capable, que vous n'avez pas d'argent ni les bons contacts. La foi peut faire de vous tout ce que Dieu veut que vous soyez!

La foi est un mot général, mais en pratique, nous parlons de foi spécialisée. Si vous avez la foi pour être sauvé, cela ne veut pas dire que vous avez la foi pour être guéri.

Paul a découvert une forme particulière de foi chez cet homme: «la foi pour être guéri». Quoi que vous vouliez devenir, développez votre foi dans ce domaine en la nourrissant des Paroles appropriées et voyez-vous devenir ce que Dieu veut que vous soyez.

Votre arrière-plan ne peut vous arrêter! Votre niveau d'éducation non plus! Votre maladie ne peut vous dominer! Le diable lui-même ne peut vous arrêter!

Grandissez dans la foi et soyez … !

L'EXAMINATEUR EXTERNE

> Heureux l'homme qui supporte patiemment la tentation ; car, après avoir été éprouvé, il recevra la couronne de vie, que le Seigneur a promise à ceux qui l'aiment.
> — JACQUES 1:12

Dieu permet parfois au diable de nous tenter parce qu'il veut:

1. n*ous bénir,*

2. *nous donne*r une couronne de gloire.

Il lui a permis de tenter Jésus avec les plaisirs de la chair, la convoitise des yeux et l'orgueil de la vie. Après avoir résisté, il est passé à l'étape suivante, à savoir entrer dans son ministère.

L'objectif de Dieu était de découvrir ses motivations pour le servir et ce qu'il y avait dans son cœur. Il en est de même pour Job.

La prochaine fois que vous serez tenté, souvenez-vous qu'il s'agit d'un examen de promotion, avec le diable pour examinateur principal!

NE DÉVIEZ PAS DANS LA VIE

> Parce que tout ce qui est né de Dieu triomphe du monde ; et la victoire qui triomphe du monde, c'est notre foi.
>
> —1 JEAN 5:4

Pour réussir dans la vie, votre foi doit être unie à ce qui est né de Dieu. Le mot «né» signifie initié, commencé. Ce qui est commencé par Dieu + foi = victoire. Les Ecritures nous apprennent que tout ce que nous croyons que Dieu fera doit être initié par lui. Il y n'a rien que vous puissiez croire que Dieu fera sans qu'il ne l'ait initié.

Par exemple, Abraham avait besoin d'un enfant, parce qu'il vieillissait. Alors, il a décidé de prendre les choses en mains: il a eu une relation avec Agar, sa servante, qui lui a donné un fils, qu'il a appelé Ismaël. Là, il a soudainement commencé à avoir beaucoup de problèmes. C'est une bonne chose d'avoir un enfant, mais ce plan n'avait pas été initié par Dieu.

Voici ce que Dieu dit de l'avenir d'Ismaël en Genèse 16:12: «Il sera comme un âne sauvage ; sa main sera contre tous, et la main de tous sera contre lui ; et il habitera en face de tous ses frères.»

Ce verset dit qu'il sera un âne sauvage. Ismaël ne connaîtrait pas le succès. Pourquoi? Parce qu'il n'était pas le produit de quelque chose que Dieu avait initié.

Puissiez-vous ne pas avoir d'enfant sauvage! Décidez de laisser Dieu prendre l'initiative dans votre vie!

A PROPOS DE L'AUTEUR
KAKRA BAIDEN

Il y a de nombreuses années, le Seigneur Jésus-Christ est apparu dans une vision à Kakra Baiden et l'a appelé à un ministère prophétique, d'enseignement et de miracles. Il est également appelé la «Bible vivante» pour sa capacité surnaturelle à prêcher et enseigner la Bible de mémoire.

Le pasteur Baiden est architecte de profession et évêque de la dénomination Lighthouse Chapel International. Il a formé beaucoup de pasteurs et implanté de nombreuses églises avec Lighthouse.

Il est actuellement pasteur principal de Morning Star Cathedral, Lighthouse Chapel International, à Accra. C'est un revivaliste et conférencier recherché.

Il est également le Président d'Airpower, un ministère qui lui permet de toucher le monde par des émissions radio et télévisées, des livres, des CD, des vidéos, Internet et les conférences internationales intitulées « The Airpower Conference ». Il a prêché la Parole sur tous les continents et il est aussi l'auteur du best-seller Squatters (Squatteurs).

Le pasteur Baiden est marié à Lady Rev. Dr. Ewuradwoa Baiden et ils ont quatre enfants.

Pour plus d'informations sur les livres et messages (CD et DVD) de Kakra Baiden, écrivez à une des adresses suivantes :

ETATS-UNIS
26219 Halbrook Glen Lane
Katy, TX 77494

ROYAUME-UNI
32 Tern Road
Hampton, Hargate
Cambridgeshire
Pe78DG

GHANA
P.O. Box SK 1067
Sakumono Estates, Tema
Ghana – Afrique de l'Ouest

E-MAIL: info@kakrabaiden.org
SITE WEB: www.kakrabaiden.org
FACEBOOK: www.facebook.com/KakraBaiden
TWITTER: www.twitter.com/ProphetKakraB

www.ingramcontent.com/pod-product-compliance
Lightning Source LLC
Chambersburg PA
CBHW071634040426
42452CB00009B/1615